MIX
Papier aus verantwortungsvollen Quellen
FSC® C084279

Erschienen bei FISCHER Duden Kinderbuch

Lektorat: Sophia Marzolff
Fachberatung: Ulrike Holzwarth-Raether
Gestaltungskonzept: Farnschläder & Mahlstedt, Hamburg
Layout: Michelle Vollmer, Mainz
Umschlagkonzept: Frauke Schneider, Wittighausen

Druck und Bindung: Print Consult GmbH, München
Printed in the Slovakia
ISBN 978-3-7373-3277-4

Leseprofi

Silbe für Silbe

Geschichten für Abenteurer

Hanneliese Schulze, Nina Petrick

mit Bildern von Iris Hardt

und Alexander Steffensmeier

FISCHER Duden Kinderbuch

Inhalt

Ein ganz besonderer Ferientag

Lea und Luca paddeln
in einem roten Kanu
durch einen See in Schweden.
Schon drei Tage lang!

Abends bauen Mama und Papa
immer am Ufer
die Zelte auf.
Dann schwimmen alle
im See oder streifen
durch den Wald.

Und morgens heißt es
schon wieder
weiterpaddeln!
Aber jetzt haben
Lea und Luca
genug davon.

Luca will endlich
Fische angeln.
Und Lea träumt davon,
ihr Gespensterbuch zu lesen.

„Mir tun schon die Arme
vom Paddeln weh“, jammert Lea.
„Und ich hab überhaupt
keine Lust mehr“, murrt Luca.

„Paddelt doch abwechselnd“,
schlägt Papa vor.
„Dann schaffen wir es
noch heute bis zur Insel.“

Die Insel! Sie ist klein
und voller Blaubeeren
und sie hat eine offene Hütte
zum Schlafen.

„Na gut, wenn es sein muss“, mault Lea und paddelt weiter. Schnell nimmt Luca seine Angel und wirft sie aus.

„Aber dass du mir
bloß keinen Fisch fängst!“,
sagt Mama.
Luca lacht leise.

Das sagt Mama immer.
Sie fürchtet sich nämlich
vor Fischen,
die an einem Haken zappeln.

Lucas Blick folgt der Schnur,
die im Wasser
eine feine Spur zieht.
Er sitzt ganz still.

„Typisch Luca“, schimpft Lea.
„Sitzt nur da und tut,
als ob er Fische fängt.
Los, jetzt musst du paddeln!“

Spät am Abend
erreichen sie müde
die Blaubeerinsel.
Endlich!

Papa macht ein Feuer
und Mama kocht Nudeln.
Danach kriechen alle
zum Schlafen in die Hütte.

„Schade, dass ich
keinen Fisch erwischt habe!“,
sagt Luca.
„Morgen“, sagt Papa, „morgen.“

„Und ich bin gar nicht
zum Lesen gekommen“,
sagt Lea.
„Und ich nicht zum Faulenzen“,
seufzt Mama.

„Und mich stechen
tausend Mücken“, ächzt Papa.
„Wären wir bloß im Zelt!“
„Morgen“, kichert Lea, „morgen.“

Das Feuer geht langsam aus.
Nebelschwaden tanzen
über das Wasser wie Feen,
leichtfüßig und geheimnisvoll.

Als Luca am Morgen aufwacht,
ist überall dichter Nebel.
„Der See ist weg!“, ruft er.
Es ist grau und ungemütlich.

„Mir ist kalt“, sagt Lea.

Sie befühlt ihr feuchtes Haar.

„Mir auch“, sagt Mama.

„Komm, wir suchen neues Holz.“

Das Feuer wärmt die Hütte.
Beim Frühstück fragt Papa:
„Was machen wir nur
an solch einem Tag?“

„Faulenzen!“, lacht Mama.

„Lesen!“, ruft Lea.

„Fischen!“, strahlt Luca.

„Vielleicht habe ich Glück!“

Er nimmt die Angel
und läuft zum Ufer hinab.
„Dass du mir bloß keinen
Fisch fängst!“, ruft Mama.

Erst am Nachmittag kommt
langsam die Sonne heraus.
Mama kriecht aus der Hütte
und reckt sich zufrieden.

Papa fängt an,
die Zelte aufzubauen.
Er bläst die Luftmatratzen auf
für die nächste Nacht.

Lea klappt ihr Buch zu.
„War das spannend!“,
sagt sie.
„Und jetzt sammele ich
Blaubeeren für uns.“

Luca kommt
vom Ufer herauf.
Stolz legt er vier Fische
neben das Feuer, geköpft
und sauber ausgenommen.

„Wunderbar!“, ruft Mama.
„Solche Fische mag ich!
Habt ihr auch so einen
Riesenhunger wie ich?“

„Klar“, lacht Lea.
„Und morgen
könnten wir eigentlich
mal wieder
weiterfahren!“

Das Picknick im Wald

Ben und Lotte
sind Geschwister.
Heute gehen sie
mit ihrem Papa
im Wald spazieren.

Papa sagt:
„Im Wald ist es
so schön ruhig!“
Er wählt einen kleinen Pfad.

Sie stapfen hintereinander
bis zu einer Weggabelung.
Dort gehen sie nach rechts.

Pock, pock, pock.
„Was ist das
für ein Geräusch?“,
fragt Lotte.

„Ein Specht“,
antwortet Papa.
Der Specht klopft laut
und regelmäßig.

In der Ferne bellen Hunde.
Ben sagt:
„Eigentlich
ganz schön laut hier.“
Papa lacht.

Wenig später
sieht Lotte auf einer
sonnigen Lichtung
viele große Fliegenpilze.
„Sind die schön“, staunt Ben.

Der rote Hut leuchtet.
Die weißen Punkte auch.
„Die sind aber giftig“,
sagt Lotte.

Weiter hinten entdecken sie
einen kleinen Hügel
mit einem Felsen darauf.
Dort setzen sie sich hin.

„Von hier haben wir
einen wunderbaren Blick“,
sagt Papa.
Er flüstert: „Seht mal!“

Zwei Rehe hüpfen
über die Wiese.
Dann verschwinden sie
zwischen den Bäumen.

Papa lächelt so zufrieden,
als hätte er die Tiere
dorthin bestellt.

„Mann, habe ich Kohldampf!“, sagt Lotte.
Papa holt aus dem Rucksack harte Eier, Brezeln und Käse.

„Und ich habe Durst!“,

ruft Ben.

Papa reicht eine große

Wasserflasche herum.

„Nanu,

da kommt Besuch!“

Ein Eichhörnchen
nähert sich.
Blitzschnell greift es sich
einen Brezelkrümel
und huscht wieder davon.

Nach dem Picknick räumen sie
ihre Sachen zusammen.
Dann spazieren sie weiter,
immer tiefer in den Wald.

Plötzlich bleibt Papa stehen.
„Ihr müsst tief einatmen“,
sagt er.
„Die Luft hier ist so gut!“

Lotte atmet tief ein.
Aber was stinkt hier so?
Ben weiß Bescheid: Es ist
ein Pilz namens Stinkmorchel.

Lotte mag nicht mehr laufen.
Auch Ben ist jetzt müde.
„Ich kann nicht mehr“,
jammert Lotte.

Papa hat ebenfalls genug.

Aber welcher Weg ist richtig?

Papa kratzt sich am Kopf.

Wo geht es bloß zurück?

Ben sagt: „Nach rechts.“

Lotte ruft: „Quatsch!

Wir müssen nach links!“

Da hören sie ein Klopfen.
„Das ist doch der Specht
von vorhin. Er will
uns helfen!“, behauptet Ben.

Papa lächelt und seufzt:
„Es gibt hier aber sicher
mehr als einen Specht.“

Ratlos stehen sie beisammen.
Schließlich klettert Papa
auf eine Eiche
und hält Ausschau.

Er kann weit gucken.

Endlich weiß er Bescheid.

„Mir nach!“,

sagt er erleichtert.

Es geht nach links.
Lotte hatte recht.
Nach einer Weile ruft Ben:
„Da, die Fliegenpilze!“

Pock, pock, pock,
klopft ein Specht.
Sie haben den richtigen Weg
zurück gefunden!

„Glück gehabt“, sagt Ben.
„Ein schöner Ausflug“,
findet Papa.
„Das machen wir wieder.“

„Aber das nächste Mal“,
lacht Lotte,
„besser nur mit Wanderkarte!“

Mit der Silbenmethode lesen lernen

In den vorliegenden Geschichten sind die Sprechsilben farbig voneinander abgehoben. Diese Markierung hilft Leseanfängern dabei, sich vom einzelnen Buchstaben zu lösen und zu größeren Leseeinheiten zu gelangen. Der Sinn der Wörter lässt sich dadurch leichter erschließen.

In den meisten Fällen entsprechen die Sprechsilben der möglichen Worttrennung am Ende einer Zeile. Dies ist jedoch nicht immer der Fall. Einen wesentlichen Unterschied gibt es bei Wörtern mit Sprechsilben aus nur einem Vokal (aber, Ole, über). Einzelne Vokalbuchstaben am Wortanfang oder -ende werden nach der aktuellen Rechtschreibung nicht getrennt.

K